VITAMINAS DE ÉXITO

PARA UNA

MENTE POSITIVA

Vitaminas de Éxito

para una

MENTE POSITIVA

(Más de 700 frases para condicionar la mente por el Dr. Napoleón Hill)

por

Napoleón Hill y Judith Williamson

Grupo Editorial Tomo, S. A. de C. V.
Nicolás San Juan 1043
03100 México, D. F.

1a. edición, septiembre 2011.

© *Success Vitamins for a Positive Mind*
Napoleon Hill & Judith Williamson
Copyright © 2009 by The Napoleon Hill Foundation
P.O. Box 1277, Wise, Virginia USA 24293

© 2011, Grupo Editorial Tomo, S.A. de C.V.
Nicolás San Juan 1043, Col. Del Valle
03100 México, D.F.
Tels. 5575-6615, 5575-8701 y 5575-0186
Fax. 5575-6695
http://www.grupotomo.com.mx
ISBN-13: 978-607-415-326-2
Miembro de la Cámara Nacional
de la Industria Editorial No 2961

Traducción: Graciela Frisbie
Formación tipográfica: Tato Garibay
Diseño de portada: Karla Silva
Supervisor de producción: Leonardo Figueroa

Impreso en México - *Printed in Mexico*

Introducción

El Dr. Napoleón Hill es un experto en abordar la teoría y adaptarla a una práctica que las personas puedan aplicar. Tiene la capacidad de destilar el pensamiento y expresarlo en epigramas cortos a los que él ha llamado "Vitaminas de Éxito" y que pueden usarse como una dosis diaria de perspicacia para tener éxito en nuestro complicado mundo actual. Este libro, que contiene más de 700 proverbios sobre el éxito, es ideal para el hombre y la mujer de negocios, que tienen el tiempo limitado pero que sin embargo necesitan inspiración diaria.

Simplemente leyendo y reflexionando sobre unos cuantos epigramas, o incluso sobre una página al día, puedes condicionar tu mente para lograr resultados positivos. Estas "Vitaminas de Éxito" pueden contribuir a tu salud financiera, mental, física, espiritual, social y emocional a lo largo del año. Los temas son variados, pero los mensajes siempre son pertinentes a lo que te interesa en la vida, y en especial en el trabajo. Cuando los pensamientos se dirigen a resultados positivos, se reflejan en comportamientos positivos.

Las personas que estudian textos de autoayuda en la actualidad, aceptan el valor de las afirmaciones. A veces, estas frases breves reciben el nombre de autosugestiones e incluso de autohipnosis, pero independientemente del nombre que se les dé, el resultado es que cuando se leen o se repiten en voz alta con entusiasmo son capaces de modificar la conducta. Estas "Vitaminas de Éxito" pueden proporcionar el ingrediente faltante que condiciona a una persona para el éxito, usando un proverbio a la vez. Cada proverbio es un "hecho obvio" que expresa una idea que en ocasiones se ha pasado por alto, se ha olvidado o se ha ocultado por conveniencia. Cuando los leas, descubrirás la sabiduría eterna que contienen.

El prefacio del Dr. Hill bien merece que se le dedique tiempo para estudiarlo. Con su estilo típico, él llega al corazón del problema y declara que la armonía es lo más importante y lo que más necesitamos ahora, tanto en nuestro mundo interno como en nuestro mundo externo. Compara esto con la armonía que la Inteligencia Infinita ha puesto en el funcionamiento universal de la Fuerza Cósmica desde el principio de los tiempos. Es interesante notar que el Dr. Hill encuentra que el único ámbito que carece de armonía es el ámbito de la humanidad y nos recuerda que es mejor reflejar el flujo del universo que oponerse a él en cualquiera de nuestros propósitos y en todos ellos. Este consejo es tan válido hoy en día como lo fue cuando él escribió sus descubrimientos hace varias décadas.

Al usar y aplicar este material, vas a alterar el plano esquemático de tu vida mejorándolo. Con sólo considerar las ideas que el Dr. Hill cristaliza en estos epigramas sobre el éxito, estarás asistiendo a una escuela para condicionar la mente. Al recordar que obtenemos aquello en lo que nos concentramos, cuando prestas atención a estas gotas de sabiduría, a las que acertadamente se ha llamado "Vitaminas de Éxito", fortalecerás tu cuerpo, tu mente y tu espíritu en forma muy benéfica. Finalmente, cuando uses activamente en tu vida diaria lo que has aprendido, no perderás la lección, sino que la llevarás a tu interior; literalmente la vas a digerir.

En el pasado, cuando los médicos visitaban los hogares para atender a sus pacientes, llevaban consigo un maletín negro muy bien equipado con medicamentos e instrumentos médicos. Si consideras que este libro es parte de tu arsenal médico para el éxito, nunca te faltará un remedio práctico para la molestia que puedas estar sufriendo. Guarda estas vitaminas en tu maletín médico. Toma al menos dos "Vitaminas de Éxito" al día con una buena cantidad de reflexión. Eso te hará mucho bien.

Siempre sé lo mejor que puedas

Judith Williamson

Vitaminas de éxito para una mente positiva

(Más de 700 frases para condicionar la mente
por el Dr. Napoleón Hill)

*Ayuda a que la embarcación de tu hermano cruce al otro lado,
y ¡mira!, tu propia embarcación también llegó a la orilla.*

Estos proverbios se basan en la experiencia de más de quinientos líderes destacados que han sido responsables del desarrollo del estilo de vida americano.

Han comprobado ser sólidos y prácticos porque funcionaron con éxito para quienes los pusieron a prueba, y se han reducido al menor número de palabras posible, para beneficio de todos aquellos que desean encontrar su lugar en el mundo.

Esta colección se preparó en especial para las personas que estudian esta filosofía, con la esperanza de que cada persona que la lea pueda enriquecerse en su cuerpo, su mente y su espíritu, ya que, como ha dicho el gran filósofo Sócrates: "La sabiduría adorna la riqueza y suaviza la pobreza".

*El autor
dedica este libro a
los estudiantes de todas partes
que se esfuerzan por hacer
de este mundo
un mejor lugar donde vivir.*

Prefacio del autor

Esta colección de epigramas es una presentación concentrada de la Filosofía del éxito en su totalidad, y se preparó para las personas que leen mientras tienen que correr.

Su propósito es ayudar a los hombres y mujeres a desarrollar una filosofía personal de la vida que ponga en sus manos una seguridad económica y una paz mental, que sean acordes a sus deseos y a sus talentos.

¡Lo más importante en la vida es la armonía en las relaciones humanas!

La fricción entre las personas es más costosa que la fricción en la maquinaria.

Si esta filosofía se sigue, condicionará la mente de la persona para que se lleve bien con otros en un espíritu de amistad. Le dará una conciencia del éxito que es esencial para alcanzar el éxito material en cualquier actividad humana.

La vida es corta, ¡y es lo menos que se puede decir! Es demasiado corta para justificar que cualquier persona dedique cualquier porción de su tiempo a crear fricción entre sí misma y otros.

Un hombre no podría incendiar el mundo entero si la fricción entre los hombres no le hubiera preparado el camino. Hagamos que nuestras relaciones humanas sean relaciones de armonía y amor fraterno; aprendamos a avanzar ayudándonos unos a otros, con el espíritu del Maestro como lo expresó en el Sermón de la Montaña: "Trata a tus congéneres igual que quisieras ser tratado".

El mundo prácticamente se ha anulado a sí mismo debido a la fricción entre los hombres. Por nuestro bien y por el bien de nuestros hijos, revirtamos ahora la regla de la fricción y hagamos de nuestra porción del mundo un entorno de armonía.

Los beneficios de la armonía se han reflejado para nosotros en todo lo que el Creador nos ha dado, excepto en las relaciones entre los seres humanos.

Las estrellas que brillan en las alturas se mueven veloces y en silencio, pero nunca abandonan sus senderos.

Las estaciones del año vienen y van con precisión armoniosa, y el sol sale en el oriente y se pone en el occidente con puntualidad y armonía todos los días.

Las bestias de la jungla y las aves de los aires llevan a cabo sus deberes en un espíritu de armonía, lo que representa una severa llamada de atención para los seres humanos que no respetan los derechos de sus semejantes.

¡Todo el mundo que nos rodea clama en un lenguaje que no podemos ignorar; un lenguaje de dolor, de fracaso y de temor que nos advierte que el camino de Dios es un camino de armonía entre los hombres! Escuchemos esta advertencia antes de que al caos mundial que vivimos actualmente siga un desastre mayor, pues es seguro que nadie es tan ignorante como para no reconocer que aquel que daña a su prójimo se daña más a sí mismo, y que toda persona que intente RECIBIR algo sin antes DAR a cambio un bien equivalente, será duramente juzgada.

El día de las personas que "buscan sólo recibir" ya ha pasado. El día de quienes "se esfuerzan por dar" está a punto de llegar. Esta filosofía se tomó de las experiencias de personas que reconocieron que "el que más gana es aquel que entrega un mejor servicio".

Es un instinto humano natural y sano que alguien desee que la vida le pague lo mejor posible. La experiencia de los hombres más exitosos que este país ha producido, muestra con claridad que todos los logros constructivos y todos los éxitos personales dependen de una actitud mental positiva.

Y lo que más ayuda a dar a las personas una actitud mental positiva es la armonía en el interior de su mente y la armonía en todas las relaciones humanas.

La armonía requiere autodisciplina; ¡mucha autodisciplina! Pero el hombre que dedica tiempo a desarrollar la armonía a través de la autodisciplina, condiciona su mente para atraer las cosas mejores de la vida en las que pueda concentrar su mente.

¡Estos proverbios condicionan la mente!

Léelos, reflexiónalos y hazlos tuyos; luego observa cómo otras personas te ofrecen su cooperación amistosa en forma definida y rápida.

Uno de los grandes misterios de la vida es que la mente atrae la contraparte física de aquello en que se concentra. Si piensas en los demás con amor fraterno, ellos pensarán en ti en ese mismo espíritu, aunque tal vez no siempre estén conscientes de la razón por la cual lo hacen.

Las circunstancias de la vida de una persona corresponden a la pauta de su actitud mental, con la misma certeza con que el sol sale en el oriente y se pone en el occidente. Si haces que tu actitud mental sea correcta, asombrosamente el mundo que te rodea se volverá armonioso y cooperará contigo. Se te presentarán oportunidades para avanzar. Las promociones en el trabajo llegarán a ti sin que las pidas. Quienes no sienten simpatía por ti cambiarán su actitud y empezarán a demostrarte simpatía.

Tal vez las quejas se justifiquen en ocasiones, ¡pero nunca son provechosas!, puesto que las quejas son la expresión externa de una actitud mental negativa. Si puedes comprender esta verdad y usarla, serás tan docto como los sabios de la antigüedad, y serás rico en valores que hacen que valga la pena vivir la vida. No siempre puedes controlar las acciones de otras personas hacia ti, pero puedes y debes controlar tus reacciones hacia otros, pues a la larga esto establecerá una pauta en todas tus relaciones humanas que influirá en otros acercándolos a tu manera de pensar.

¿Por qué conozco estas verdades? ¡Las conozco porque las he puesto a prueba y he descubierto que funcionan! Y como soy una persona que ama a sus semejantes, ansío tener el privilegio de compartir estas bendiciones con todos aquellos que estén listos y dispuestos para adoptarlas y usarlas.

Este libro se imprimió para todos aquellos que estén dispuestos a leer con cuidado estos epigramas y a reconocer que proporcionan buenos consejos para las personas que estén dispuestas a dar para así poder recibir los valores de la vida que hacen que las personas tengan éxito y sean felices.

Yo soy realista y práctico y me he abierto el camino hacia las alturas empezando desde abajo y aplicando la filosofía en que se basan estos epigramas. Soy un filántropo que desea con toda sinceridad inspirar a mis estudiantes para que tengan un espíritu de armonía y una actitud mental hacia sus semejantes que hará que la vida sea un placer y no una carga.

Sinceramente y deseándote tu victoria personal,

Dr. Napoleón Hill

La mente puede alcanzar
todo aquello que puede
concebir y creer.

Napoleón Hill

DEMOS GRACIAS POR NUESTRAS BENDICIONES

Expresemos nuestra gratitud por lo que ya poseemos, en lugar de quejarnos por lo que deseamos, pues es un hecho bien conocido que las oraciones de gratitud por las bendiciones que uno posee atraen aún mayores bendiciones.

Complementemos las bendiciones que tenemos en el presente con un espíritu de cooperación amistosa, recordando que este espíritu, en los pensamientos y en las acciones, fue lo que nos dio la libertad y la riqueza como nación.

Animemos a los líderes a utilizar sus talentos y sus recursos financieros para hacer de éste un mundo más grande, de modo que nuestros hijos y las generaciones futuras puedan disfrutar bendiciones y libertad.

Finalmente, que cada uno de nosotros ore para que de entre esta generación de jóvenes surja un nuevo grupo de líderes que, con sus talentos y ambiciones personales, nos proporcionen el tipo de oportunidades que en el pasado nos dieron personas como Henry Ford, Thomas A. Edison, Andrew Carnegie, los Hermanos Wright, el Capitán Eddie Rickenbacker, Henry J. Kaiser y R. G. LeTourneau.

Pues este es el tipo de hombres que nos han dado nuestro estilo de vida, nuestro gran sistema de la libre empresa, sin el cual no estaríamos mejor que los hombres primitivos, hijos de los páramos, que habitaban vastos territorios subdesarrollados antes de que nosotros hiciéramos de ellos lo que son hoy.

Tenemos en nuestras manos el último puesto de avanzada de la libertad humana. Conservémoslo con nuestra cooperación amigable y armoniosa; con ella podremos caminar hombro con hombro, hacer nuestro trabajo y cosechar nuestra recompensa con ese espíritu de humanidad que el Señor describe con tanta claridad en el Sermón de la Montaña.

Recuerda expresar tu agradecimiento
todos los días, mediante la oración
y la afirmación,
por las bendiciones que tienes.

Napoleón Hill

¿Anhelas riquezas?

El hombre más rico del mundo vive en el Valle Feliz. Es rico en valores perdurables; en cosas que nadie puede robar; cosas que él no puede perder; cosas que le producen contento, buena salud, paz mental y armonía en el alma.

Esta es su descripción de sus riquezas y de cómo las adquirió:

1. Encontré la felicidad ayudando a otros a encontrarla.

2. Tengo buena salud porque vivo con moderación en todas las cosas y sólo consumo los alimentos que la naturaleza exige para la conservación del cuerpo; alimentos que se cultivan en la buena tierra de Dios.

3. Estoy libre de todo tipo de temores.

4. No odio a nadie, no envidio a nadie, amo a toda la humanidad.

5. Me dedico a una labor de amor, con la que mezclo generosamente el juego; por lo tanto, nunca me canso.

6. Rezo todos los días, no para pedir más riquezas, sino para pedir más sabiduría para reconocer, abrazar y disfrutar la gran abundancia de riquezas que ya poseo.

7. Sólo menciono el nombre de alguien para honrarlo, y no calumnio a nadie.

8. No pido favores a nadie; sólo pido el privilegio de compartir mis bendiciones con todos los que estén dispuestos a recibirlas.

9. Estoy en buenos términos con mi conciencia; por lo tanto, ella me guía correctamente en todo lo que hago.

10. No tengo enemigos porque no daño a nadie por ninguna causa, sino que beneficio a todas las personas con quienes entro en contacto, enseñándoles el camino hacia todas las riquezas.

11. Tengo más bienes materiales de los que necesito porque estoy libre de la codicia y sólo anhelo tener los objetos materiales que pueda utilizar mientras viva. Mi riqueza material proviene de las personas a quienes he ayudado y con las que he compartido mis conocimientos sobre mi estilo de vida.

12. La finca conocida como Valle Feliz no causa impuestos porque existe ante todo en mi propia mente, en las riquezas intangibles que sólo pueden evaluar quienes adoptan mi estilo de vida. Yo pude crear esta enorme finca observando las leyes de la naturaleza y adoptando hábitos que armonizan con los planes de Dios, como lo comprueban estas leyes.

¡Estas son riquezas que perduran!

Pueden compartirlas todos los que estén dispuestos a imitar al hombre de Valle Feliz.

Pero para imitarlo se requiere dar preparación a la mente, ya que nadie puede vivir en el Valle Feliz si se deja llevar por una mente negativa.

Los párrafos siguientes podrían prepararte para vivir en el Valle Feliz por el resto de tu vida, si sigues sus consejos.

Tal vez tú también conocerás a la persona
que no te está permitiendo avanzar, cuando...

MIRES EL ESPEJO

Mi secretaria entró a mi oficina temprano una mañana y anunció que un vagabundo estaba afuera y que solicitaba urgentemente que yo lo recibiera. Al principio decidí ahorrar tiempo y le mandé dinero para que se comprara un sándwich y una taza de café, pero algo me impulsó a recibirlo.

Nunca he visto a un hombre de aspecto tan deteriorado. No se había rasurado en una semana, su ropa estaba arrugada y parecía que la había sacado de un basurero.

"No lo culpo por sorprenderse cuando me presenté aquí", comenzó, "pero me temo que no me está evaluando bien. No vine a verlo para pedirle limosna. Vine a pedirle que me ayude a salvar mi vida.

"Mis problemas empezaron hace un año cuando tuve dificultades con mi esposa y nos divorciamos. Luego todo empezó estar en mi contra. Perdí mi negocio y ahora estoy perdiendo la salud.

"Vine a verlo porque me lo sugirió un policía que me detuvo cuando estaba yo a punto de saltar al río. Me dio dos opciones, venir a verlo o ir a prisión. Está esperando afuera para asegurarse de que yo cumpla mi promesa".

El tono de voz del hombre y el lenguaje que usó indicaban claramente que era un hombre culto.

Le hice varias preguntas y averigüé que había sido dueño de uno de los restaurantes mejor conocidos de Chicago. Recordé haber leído la noticia de que lo habían vendido en una subasta del comisario hacía varios meses.

Le pedí a mi secretaria que se le sirviera un desayuno porque él no había comido en dos días. Mientras se preparaba el desayuno, escuché toda la historia de la vida de este hombre. Nunca culpó a nadie por su condición, sólo se culpó a sí mismo. Esta fue una señal a su favor y me indicó cómo podía yo ayudarle.

Cuando él terminó de desayunar, yo hablé. "Amigo mío", comencé, "escuché su historia con mucho cuidado, y me impresionó profundamente. Me causó un impacto especial el hecho de que usted no intentó presentar excusas para evadir la responsabilidad por su condición.

"También me impactó el hecho de que usted no culpa a su ex esposa por su divorcio. Se le debe felicitar por hablar de ella con el respeto con que usted lo hizo".

Para entonces, el estado de ánimo de este hombre estaba mejorando más y más.

Había llegado el momento en que yo presentaría mi plan de acción, y se lo presenté de tal forma que él lo recibiera como yo lo esperaba.

"Usted vino a pedirme ayuda", continué, "pero lamento decirle que después de escuchar su historia no hay nada que yo pueda hacer para ayudarle".

"Pero", continué, "conozco a un hombre que puede ayudarle si lo desea. Él está en este edificio en este momento y se lo voy a presentar si usted lo desea".

Después lo tomé del brazo y lo llevé a mi estudio privado, al lado de mi oficina y le pedí que se parara frente a una cortina grande, y cuando corrí la cortina él pudo verse en un espejo de cuerpo completo.

Señalé la imagen en el espejo y dije: "Este es el hombre que puede ayudarle. Es el único hombre que puede hacerlo, y hasta que no lo conozcas mejor y aprendas a depender de él, no encontrarás el camino para salir de tu desafortunada condición presente".

Él se acercó al espejo, se miró muy de cerca y se frotó su rostro sin rasurar, luego me miró y dijo: "Entiendo lo que quiere decir, y Dios lo bendiga por no compadecerme".

Con eso, hizo una inclinación y se alejó. No lo vi ni supe de él durante casi dos años. Un día llegó tan cambiado que no lo reconocí. Me explicó que había recibido ayuda del Ejército de Salvación para vestirse apropiadamente. Después consiguió trabajo en un restaurante parecido al restaurante del que él era dueño, trabajó ahí como jefe de meseros durante un tiempo; luego un antiguo amigo lo encontró ahí por casualidad, escuchó su historia y le prestó el dinero necesario para comprar ese restaurante.

Hoy en día es uno de los dueños de restaurantes más prósperos de Chicago, tiene el dinero que necesita, pero su mayor riqueza es haber descubierto el poder de su propia mente y la manera de usarla como un medio para ponerse en contacto con los poderes de la Inteligencia Infinita y tener recurso a ellos.

En cada adversidad o derrota,

está la semilla de un beneficio

igual o mayor.

Napoleón Hill

*Entrega más servicio y un mejor servicio
de lo que se espera de ti, si deseas atraer
una promoción rápida y permanente.*

Napoleón Hill

Recuerda que no puedes promoverte a partir
de los errores y debilidades de otra persona,
excepto cuando le ayudas a corregirlos.

Nadie puede llegar a ser un éxito permanente
sin llevar a otros consigo.

Lo que cuenta no es lo que vas a hacer,
sino lo que estás haciendo en este momento.

Los hombres de éxito no aceptan la palabra "imposible",
pero es una excusa práctica para quienes fracasan.

Todos los ríos tienen un curso serpenteante
y algunos hombres son "chuecos"
porque siguen el curso de menor resistencia.

La eficiencia de un hombre puede juzgarse
con precisión tomando en cuenta
la cantidad de supervisión que necesita.

Recuerda que cada derrota, cada desilusión
y cada adversidad llevan la semilla
de un beneficio equivalente.

Las personas que logran más éxito son las que sirven
al mayor número de personas.

Hay algo peor que ser obligado a trabajar
y es verse obligado a no trabajar.

Recuerda que a nadie se le premia ni se
le promueve por tener una mala disposición
y una actitud mental negativa.

Si deseas que una tarea se lleve a cabo con prontitud
y bien, asígnasela a una persona ocupada.
La gente ociosa suele usar demasiados sustitutos y atajos.

La Cooperación y la Amistad son dos recursos
que sólo pueden tenerse cuando primero se dan.

Recuerda que un papalote vuela contra el viento,
no en la dirección del viento.

Recuerda que la calidad y la cantidad de servicio
que entregas, más la actitud mental con la que lo entregas, determinan el tipo de trabajo que tienes
y la paga que recibes.

Cada pensamiento que expresa una persona
se convierte en una parte permanente de su carácter.

La manera más segura de promoverte
es ayudar a otros a avanzar.

La más importante de todas las reglas del éxito es:
Haz a otros lo que quisieras que te hicieran
si estuvieras en su lugar.

La persona que dice que algo "no puede hacerse"
por lo general trata de evitar a la persona
que de hecho lo está haciendo.

El tiempo es el mejor médico. Si se le da la oportunidad,
puede curar la mayoría de los males
de los que se quejan las personas.

Nadie es capaz de dar órdenes a menos
que sepa recibir órdenes y llevarlas a cabo.

Cuando sientes pereza, recurre al médico de la naturaleza. Sólo deja de comer hasta que vuelvas a tener hambre.

La persona que escucha más de lo que habla por lo general sabe más que la que habla más de lo que escucha.

La buena disposición para cooperar produce
un poder perdurable, mientras que la cooperación
obligada acaba en el fracaso.

Recuerda que un policía es el único tipo de persona que
obtiene resultados satisfactorios mediante el temor y la
fuerza. Los demás los obtienen mediante la persuasión.

Es muy afortunado el hombre que ha aprendido
a introducir el espíritu de juego en su trabajo diario.
Vivirá más y ganará más.

Cualquiera puede darse por vencido cuando las cosas
son difíciles, pero un verdadero competidor nunca
abandona una carrera hasta que alcanza el triunfo.

No puedes lastimar los sentimientos de alguien ni puedes
causarte ningún daño si hablas de las virtudes de otros.

Nadie puede llegar a la cumbre sin llevar a otros consigo.

Busca lo bueno en otros
y ellos buscarán lo bueno en ti.

Si se me pudiera conceder sólo un deseo,
yo desearía tener sabiduría para disfrutar
de las numerosas bendiciones que poseo.

Este es un mundo maravilloso para aquel
que sabe exactamente lo que desea de la vida
y está trabajando para lograrlo.

Andar a la deriva y no tener un objetivo
o un propósito es la primera de las 30 causas
más importantes de fracaso.

No puedes encontrar la felicidad robándosela a otro.
Puede decirse lo mismo de la seguridad económica.

Tratar de obtener algo sin antes dar algo es tan infructuo-
so como tratar de cosechar sin haber sembrado.

La buena suerte favorece al hombre que se esfuerza.

¿Qué deseas de la vida y qué puedes dar a cambio para así tener el derecho de que tus deseos se vuelvan realidad?

Si le hablaras a tu jefe de las cosas que te agradan, verías lo dispuesto que él estaría a ayudarte a librarte de aquello que te desagrada.

Los hombres sabios piensan dos veces antes de hablar una vez.

Nunca critiques nada o a nadie a menos que estés preparado para ofrecer algo que pueda mejorar aquello que consideras erróneo.

Edison fracasó diez mil veces antes de perfeccionar la lámpara eléctrica moderna. El hombre promedio se habría dado por vencido ante el primer fracaso. Es por eso que hay tantos hombres promedio y sólo un Edison.

Hay algo bueno en cualquier hombre que cuenta con el
afecto de su perro y con el cariño de su familia,
porque ellos lo conocen tal como él es.

El hombre de éxito concentra su mente en lo que desea;
no en lo que no desea.

El Creador dio a cada persona una conciencia
que la guiara hacia la buena conducta.
Pero algunas la han pervertido convirtiéndola
en una conspiradora.

Las oraciones más valiosas y las que obtienen mejores
resultados son las que se ofrecen para mostrar gratitud
por las bendiciones que ya se tienen.

Es mejor dar gracias por las bendiciones que ya tenemos
que orar pidiendo más bendiciones.

El odio daña ante todo a la persona que odia a otros.

Es rico el hombre que tiene más amigos que enemigos,
no teme a nadie y está tan ocupado construyendo
que no tiene tiempo para destruir las esperanzas
y los planes de otro.

Uno llega al final del arco iris después de recorrer
la segunda milla; una milla que no era su obligación
recorrer pero estuvo dispuesto a recorrerla.

No puedes controlar las acciones de otros,
pero puedes controlar tu reacción mental a sus acciones,
y eso es lo que más cuenta para ti.

El hombre que sólo tiene tiempo
para murmuraciones y calumnias
está demasiado ocupado para tener éxito.

Napoleón Hill

Algunas personas están tan ocupadas fracasando que no
tienen tiempo para aprender las reglas del éxito.

Lo que piensas hoy se convierte en lo que serás mañana.

Eres más agradable para otros cuando los recibes con una
sonrisa que cuando los recibes con el ceño fruncido.

Ten cuidado con lo que piensas, pues tendrás
que pagar las consecuencias de tus pensamientos.

El orden del mundo de las leyes naturales nos muestra
que están bajo el control de un plan universal.

Existe armonía en todo el universo,
la vemos en todo menos en las relaciones humanas.

La sabiduría adorna a la riqueza y suaviza la pobreza.
Sócrates.

Si la fricción daña la maquinaria, cuesta dinero arreglarla.
Pero si hay fricción en las relaciones humanas, esa fricción
empobrece tanto el espíritu como el bolsillo del hombre.

Si no puedes estar de acuerdo con alguien,
al menos puedes evitar pelear con él por esa razón.

La mayoría de tus desacuerdos con otros tienen tres lados:
tu lado, el lado de la otra persona y el lado correcto,
que puede estar en algún punto intermedio
entre los otros dos.

Aquel que sólo hace suficiente trabajo
para "irla pasando", rara vez llega lejos.

Siempre puedes reconocer al hombre que cree que es más
inteligente que los demás, pero no puedes hablar con él.

Es bueno tener un carácter fuerte,
siempre y cuando no trate uno de imponérselo a otros.

Si tienes que hablar mal de alguien, no lo hagas…
mejor escríbelo en la arena y deja que el agua lo borre.

Cuando todos te abandonen en momentos de adversidad,
trata de depender de ti mismo y tal vez descubras
en el poder de tu mente riquezas ocultas
y de increíble valor.

No es extraño que los príncipes y los reyes,
que los payasos que saltan en pistas de arena,
y que la gente común como tú y yo estemos

construyendo para la eternidad.
A cada uno se nos entregó una caja de herramientas,
un bloque de piedra y un libro de reglas,
y antes de que el tiempo expire
cada uno debe darle forma, transformándolo
en un escollo o en un escalón.

Si en realidad eres más inteligente que otros,
permitirás que ellos lo descubran por tus acciones.

Siempre es seguro halar de otras personas,
siempre y cuando hables de sus cualidades.

Nadie llega a ser tan exitoso
que no aprecie una palabra bondadosa
o una felicitación por un trabajo bien hecho.

Como Henry Ford pudo aferrarse a una idea,
llegó a ser el dueño de la empresa automovilística
más grande del mundo que, directa o indirectamente,
ofrece empleos bien pagados a más del diez por ciento
de la población de Estados Unidos.

Si tu mente puede hacer que te enfermes, y puede hacerlo, recuerda que también puede hacer que te sientas bien.

¿Alguna vez has pensado en la enorme diferencia que existe entre lo que deseas y lo que en realidad necesitas para tener salud y felicidad?

La mayoría de las personas de éxito que se encuentran en los niveles más altos, no dieron sus pasos más importantes antes de llegar a los cuarenta años de edad.

De vez en cuando, sería provechoso para cualquier persona poder quedarse a la vera del camino de la vida y observarse avanzar; así se vería como la ve el mundo.

La mejor de todas las escuelas se conoce entre la gente como la Universidad de los Golpes Duros.

El líder de éxito toma decisiones con rapidez pero las cambia lentamente, si acaso tiene que cambiarlas.

Hay dos tipos de personas que nunca progresan.
Las que sólo hacen lo que se les dice y las que no están
dispuestas a hacer lo que se les dice.

Es muy probable que la persona que no toma decisiones
con rapidez cuando ya tiene todos los datos necesarios,
actúe de acuerdo a sus decisiones una vez que las tome.

Las personas que seguramente triunfarán
son las que responden con un "sí" o un "no"
sir recurrir a la tradicional excusa de "lo voy a pensar".

No te apresures demasiado para llegar a la cumbre
de la escala del éxito, ya que entonces
sólo podrías moverte en una dirección: hacia abajo.

Las promociones rápidas no siempre
son las más perdurables.

Es mejor imitar a un hombre de éxito
que envidiarlo.

A nadie se le premia con una promoción
debido a una actitud mental negativa.

Cuando estás convencido de lo que quieres,
ese es el momento de dejar de hablar y empezar a actuar.

Tu reputación es lo que la gente cree que eres;
tu carácter es lo que eres en realidad.

El mejor puesto es para el hombre que puede llevarlo a
cabo sin pasarles la pelota a otros y sin usar excusas.

Cuando haces mal uso de las herramientas
o los materiales, también desaprovechas tus oportunidades
de tener un mejor trabajo y un mejor sueldo.

Podrás obtener mejores resultados "pidiéndole" a la gente
que haga algo y no "dándole órdenes",
a menos que seas un oficial del ejército.

Si buscas lo bueno en otros ellos buscarán lo bueno en ti.
Y lo mismo puede decirse de lo malo.

La causa de la mayoría de los dolores de cabeza
es el sistema de alcantarillado,
y son el resultado de envenenamiento tóxico.

Tener buen crédito es un recurso valioso,
siempre y cuando no se abuse de él.

En el momento en que alguien acepta favores
está en deuda con la persona que se los da.
Tarde o temprano tendrá que pagar esa deuda.

Tú controlas la vida o la vida te controla a ti.
Tu actitud mental lo determina.

Un hombre que en realidad es grande nunca trata
de impresionar a otros con su grandeza
y nunca trata de "mantenerse al nivel de los vecinos".

Lo más interesante de una estampilla de correos
es la persistencia con que se aferra a su papel.

Nadie es libre hasta que aprende a pensar por sí mismo y
tiene el valor de actuar a partir de su propia iniciativa.

Sólo una mente abierta puede crecer.

La confiabilidad es la piedra angular del buen carácter.

Puedes conocer el tipo de carácter que tiene una persona
observando la clase de empresa que elige para trabajar.

Sólo hay una cosa que puede atraer al amor,
y esa cosa es el amor.

Napoleón Hill

Si llegas a ser indispensable en tu trabajo,
verás que pronto se te asignará un trabajo mejor.

La autodisciplina es la primera regla
para un liderazgo de éxito.

Observa al hombre que va delante de ti
y pronto sabrás por qué va adelante. Luego imítalo.

La persona más humilde de nuestro tiempo
tiene comodidades y lujos que los reyes
no podían tener hace unas cuantas décadas.

Cada pila de escombros, cada caja de herramientas
y cada proyecto en una planta, contiene una oportunidad oculta para que alguien gane dinero.
¿Por qué no buscarla?

Trabaja como si fueras el dueño de la empresa,
y tal vez un día llegues a serlo.

La autoridad de la cual se abusa pronto se pierde.

El "tiempo" que dedicas a una tarea no mide lo que vales.
La calidad y la cantidad de tu trabajo es lo que determina
tu valor. Además de la influencia que tengas
sobre otros debido a tu actitud mental.

Si tu trabajo siempre es satisfactorio,
es muy posible que tu paga también lo será.

Si a algunas personas se les pagara
sólo por lo que valen, morirían de hambre.

Cada vez que difamas a alguien,
recuerda que otros podrían pensar
que eres un envidioso.

Tal vez tu jefe no siempre se entere de que cierto día
no hiciste tu mejor trabajo, pero tú lo sabes,
y el daño que te causas a ti mismo es mayor
que el que le causas a tu jefe.

Antes de que las oportunidades coronen a una persona
con un gran éxito, normalmente la ponen a prueba
mediante la adversidad para ver de qué está hecha.

Muchas personas confunden sus deseos y necesidades
con sus derechos; un hombre no siempre tiene derecho
al gran número de cosas que necesita.

Educación significa desarrollar la mente
desde el interior de modo que nos ayude
a desglosar nuestros problemas y a ponerlos a trabajar
a nuestro favor y no en nuestra contra.
Toda educación se adquiere por uno mismo,
ya que nadie puede educar a otro.

El hecho de que alguien haya pasado más tiempo
que otros en un puesto no significa necesariamente
que esa persona reciba el salario más alto.

La mayoría de los accidentes automovilísticos
se deben a la falta de cortesía
y al hecho de ignorar los derechos de otras personas.

El respeto propio es el mejor medio
para lograr que otros nos respeten.

Imagina que tuvieras que resolver los problemas
de todas las personas que trabajan en la planta;
así tendrás una idea de lo que implica
el trabajo de un gerente.

Cada pensamiento que expresas
se convierte en una parte permanente de tu carácter.

Piensa en términos de opulencia
si deseas atraer riquezas.

A veces es más sensato unir fuerzas
con un oponente que luchar contra él.

Un carácter firme es el mejor recurso que un hombre
puede tener, ya que le proporciona el poder que necesita
para resolver las emergencias de la vida
en lugar de sucumbir ante ellas.

Lo que aprendes en tu trabajo podría llegar a ser más
valioso para ti que la paga que recibes por desempeñarlo.

Alguien que fomenta la paz vive mejor que un agitador.

Si no aprendes mientras trabajas por un salario
te estás perdiendo de la mejor porción
de la compensación que en justicia mereces.

En lugar de quejarte de lo que no te gusta en tu trabajo,
empieza a alabar lo que sí te gusta,
y verás que pronto tu trabajo va a mejorar.

Cuando te sientas desanimado, piensa en Helen Keller,
quien a pesar de ser sorda, muda y ciega,
se ganó la vida escribiendo libros
que han inspirado a personas menos afortunadas.

Un muchacho ciego pudo cubrir los gastos de sus estudios de posgrado en la Universidad Northwestern tomando notas en clase con el sistema Braille, mecanografiándolas y vendiéndolas a sus compañeros, que tenían buena vista pero poca ambición.

Cuídate del hombre que trata de envenenar tu mente
contra otro fingiendo que quiere ayudarte.
Lo más probable es que esté tratando
de ayudarse a sí mismo.

Omite tus opiniones y preséntame los hechos
de modo que yo pueda formar
mis propias opiniones; es posible que en esa forma
me prestes un mejor servicio.

Nunca discutas con un zorrillo,
pues él tiene un poderoso argumento a su favor.

"Dios los cría y ellos se juntan", por eso aquellos
que tratan de vivir de su ingenio buscan personas afines.

Una opinión es confiable si la persona que la ofrece
tiene buen juicio.

En cualquier mercado, la cooperación amigable
es más productiva que la agitación hostil.

Siempre que realices una tarea, trata de superar
tu desempeño anterior, y muy pronto superarás
a las personas que te rodean.

El ejecutivo de hoy es el empleado de ayer
que encontró las oportunidades que lo esperaban
al final de la segunda milla
que recorrió sin que se le exigiera.

La naturaleza revela sus secretos
más profundos al hombre
que ha decidido descubrirlos.

La honestidad y el trabajo arduo son características dignas de alabanza, pero nunca traerán éxito a un hombre a menos que las enfoque hacia un propósito primordial definido.

No tengas miedo de apuntar muy alto al elegir la meta de tu vida. Independientemente de lo alto que apuntes, tus logros podrían alcanzar un nivel más bajo.

No se puede hacer mucho por un hombre que no está dispuesto a hacer algo por sí mismo.

Si uno obtiene algo sin dar nada, por lo general tendrá para él un valor similar a lo que habría costado.

A la larga, lo que cuenta no es lo que ganas, sino lo que ahorras.

Aquello que causa que alguien se preocupe no merece lo que le costó en cuanto a paz mental y salud física.

Un perro tiene suficiente inteligencia para enterrar
un hueso para cuando llegue a necesitarlo.
Pero no se puede decir lo mismo de muchas personas.

Si pudieran evitarse las perdidas causadas por fricciones
en las relaciones humanas, todo mundo quedaría
exento de impuestos y se podría pagar
el costo de la guerra mundial en un año.

Me alegro de tu buena fortuna y de tu inteligencia,
siempre y cuando no me las recuerdes
con demasiada frecuencia.

La persona que no ahorra sistemáticamente
un porcentaje definido de todo lo que gana,
podría nunca alcanzar la seguridad económica.

Un hombre que estaba dispuesto a usar su inteligencia,
recibió un cheque por cien mil dólares por eliminar
una palabra en el nombre de una conocida marca
de alimentos para el desayuno. Eso redujo a tal grado
el precio del transporte del producto
que lo que se ahorró en un año duplicó esa cifra.

Un hombre es bien recibido en la casa de su vecino,
siempre y cuando traiga buenas noticias
y evite hablar de sus problemas.

El mejor momento de "curarte"
es antes de caer enfermo.

Hay dos cosas que el dinero no puede comprar:
el amor y la amistad.
Estos son dones de los Dioses
y no tienen precio fijo.

Napoleón Hill

Cuídate de la persona que se esfuerza
por llenarte de cumplidos que tú sabes que no te mereces,
ya que está buscando algo
en lo que tal vez tú no quieras participar.

Los halagos son una herramienta muy poderosa
y tan antigua como la humanidad,
pero aquellos que usan los halagos
para aprovecharse de otros, acabarán mal.

Nunca aceptes calumnias sin antes comprobar
en que se basan, pues es obvio que la gente
que calumnia a otros tiene prejuicios.

Alguien que conoces de toda la vida
no es necesariamente un amigo.

No existe tal cosa como la buena suerte
y la mala suerte. Todo tiene una causa
que produce los efectos adecuados.

La palabra "Milagro" a menudo se usa mal
para describir un fenómeno que no se entiende.

Las realidades que se conocen sobre todo el universo son:
tiempo, espacio, materia, energía
y la inteligencia que pone orden en ellas.

Algunas personas son como un reloj de mala calidad.
No son confiables.

Cuando escucho que alguien critica a este país,
me pregunto por qué no se va a vivir a un país
del que tenga una mejor opinión.

No desprecies a los soñadores prácticos,
porque son los precursores de la civilización.

No te tomes demasiado en serio
si deseas disfrutar de la vida.

El fracaso podría ser un escalón o un tropiezo,
dependiendo de la forma en que se acepte.

Cuando la adversidad te abruma,
te conviene estar agradecido de que no fue peor,
en lugar de preocuparte por tu desgracia.

El tema más interesante que puedes tratar
con la mayoría de las personas es el tema de sí mismas.

Las medallas y los títulos no cuentan
cuando llegues al cielo, pero es posible
que se te examine meticulosamente
en relación con tus acciones.

Nadie podría montar un caballo si el caballo
se diera cuenta de su verdadera fuerza.
Lo mismo puede decirse de un ser humano.

El hombre que hace un buen trabajo
al prepararse para la vida, ya ha avanzado mucho
en lo que tiene que hacer para prepararse a morir.

Considera perdido el día en que, cuando anochece,
no has realizado buenas acciones.

Tal vez la ropa no sea lo único importante en una persona, pero le ayuda mucho a tener un buen inicio.

Toma posesión de tu propia mente y tal vez pronto
lograrás que la vida te pague como tú lo deseas.

La mente de Henry Ford es exactamente igual a cualquier otra mente normal, pero él la usó para pensar, no
para albergar temores y limitaciones autoimpuestas.

Recuerda que la mente se fortalece con el uso.
La lucha la hace poderosa.

No existe tal cosa como la fe pasiva.
La acción es el primer requisito de toda fe.
Las palabras por sí mismas no llevan a nada.

En un negocio bien dirigido todas las promociones se
originan en los empleados. Lo único que el ejecutivo
tiene que hacer en la transacción es verificar con cuidado
que la persona se haya ganado esa promoción.

No importa lo que hayas hecho en el pasado.
¿Qué vas a hacer en el futuro?

Cuando estás "haciendo quedar mal" a otros,
tal vez valdría la pena analizar bien lo que tú estás haciendo.

Antes de que algo pueda salir de la mente,
algo debe introducirse en ella.

Recuerda que cada palabra que dices
le da a alguien una oportunidad
para descubrir lo mucho, o lo poco, que sabes.

Uno puede aprender escuchando, pero no hablando.

Si estás buscando problemas, alguien va a ser suficientemente entrometido como para ayudarte a encontrarlos.

Después de difamar a otros, ¿qué ganaste
por los problemas en que te metiste?
Una mente ociosa es campo libre para el demonio.

Las desgracias tienen el extraño hábito
de presentarse cuando menos se les espera.

¿No es extraño que alguien a menudo
sea tan inteligente para inventar excusas
y tan incompetente al hacer su trabajo
que las excusas resultan inútiles?

La ley puede quitarte todo lo que posees
excepto el poder del pensamiento.

¿No has notado que una persona
siempre puede encontrar la forma de hacer
lo que inevitablemente tiene que hacer?

Si alguien trabajara tan arduamente en la tarea
que desea hacer como en la tarea que tiene que hacer,
podría llegar muy lejos.

El dinero no es una influencia buena ni mala;
todo depende de la persona que lo posee.

Una forma de evitar críticas es no hacer nada ni ser nadie. Así el mundo no te va a molestar.

Cuando alguien puede prenderle fuego
al mundo entero, seguramente había en él
demasiada leña seca.

Quema tus puentes detrás de ti. Concentra tu mente
en una meta definida y observa que pronto el mundo
se hará a un lado para dejarte pasar.

Si tienes una mejor forma de hacer algo,
tu idea podría valer una gran fortuna.

El hombre que combinó un trozo de helado con choco-
late y lo llamó "Eskimo Pie" ganó una fortuna
por los cinco segundos de imaginación
que se necesitaron para crear la idea.

¿Cómo puedes juzgar a otros con precisión si no has
aprendido a juzgarte a ti mismo con precisión?

Si no sabes, ten el valor de admitirlo, y habrás dado
un gran paso en el camino del aprendizaje.

Descubre la manera de incrementar la producción
y eso representará para ti una mejor paga.

Se dice que Henry Ford ofreció veinticinco mil dólares
a cualquiera que le mostrara cómo ahorrar un tornillo y
una tuerca en cada uno de los automóviles que fabrica.

Si alguien te dice que algo no puede hacerse,
pregúntate qué grandes logros ha tenido
que lo califiquen para ponerte limitaciones.

Cuando estés enojado, silba durante tres minutos
antes de hablar y observa cómo tu enojo adquiere
las características de la razón.

Reza cuando te vayas a acostar y levántate cantando; luego
observa la calidad del trabajo que harás durante el día.

Nunca puede ser dañino hablar de otras personas,
siempre y cuando hables de sus buenas cualidades.

Recuerda que el tono de tu voz a menudo transmite lo
que hay en tu mente con más exactitud que tus palabras.

¿Alguna vez has intentado
enojarte mientras sonríes? ¡Inténtalo!

Napoleón Hill

Cuando alguien afirma: "Ellos dicen" tal y cual cosa,
preguntale quiénes son "ellos"
y mira cómo se muere de vergüenza.

No puedes obligar a toda la gente a aceptarte, pero puedes eliminar una buena razón por la cual no te aceptan.

"¿Cómo lo sabes?" es una pregunta que ha dejado
mudas a muchas personas parlanchinas.

Podrías equivocarte de vez en cuando,
y lo sabes.

Observa con cuidado si la pastura al otro lado de la cerca parece más verde, porque es posible que haya muchos abrojos mezclados entre la hierba.

Los sueños de hoy se convierten
en las realidades del mañana.

Alguien que no tiene un propósito primordial definido está tan indefenso como un barco sin brújula.

El uso de malas palabras es una señal de que la persona tiene un vocabulario inadecuado o de que su criterio es precario, o ambas cosas.

Ser jactancioso por lo general es admitir
que se tiene un complejo de inferioridad.

Todas las cosas que uno necesita o desea
encuentranla forma de presentarse
en cuanto uno está listo pararecibirlas.
"Estar listo para ellas" no significa "desearlas".

Cristóbal Colón no sabía hacia dónde iba cuando inició
su viaje, no sabía dónde estaba cuando llegó, y tampoco
sabía dónde había estado cuando regresó.
Así que sus vecinos hicieron que se le encadenara
en prisión diciendo que era sospechoso.

La luz viaja a una velocidad de 300,000 kilómetros
por segundo, pero el pensamiento puede viajar mucho
más rápido. Puede viajar de la mente hasta el sol
a 150,000 kilómetros en una fracción de segundo,
y nada puede detenerlo.

Las mentes más agudas son las que han vivido
el estímulo de la experiencia práctica.

"La fe puede mover montañas".
El sudor también puede moverlas si cuenta
con la ayuda de una excavadora LeTourneau.

El temperamento es un estado mental
que consta de nueve partes de carácter
y una parte de energía "mental".

Muchas personas han encontrado en el fracaso
y en la adversidad oportunidades que no habrían
podido encontrar en circunstancias más favorables.

Algunas personas parecen ser "alérgicas"
al trabajo honesto, pero en esa misma medida
las oportunidades son alérgicas a ellas.

Los "chicos inteligentes" cuentan con el apoyo
de dos palabras: "¿Y qué?".

Reflexiona en el hecho de que una persona
sólo tiene un control absoluto de una cosa:
el poder que tiene sobre sus propios pensamientos.

Un hombre puede llegar a la cumbre "impulsándose"
pero sólo puede permanecer en la cumbre
a base de "empuje".

Nunca temas a las críticas injustas,
pero asegúrate de que sean injustas.

El tiempo puede sanarlo todo. Tiende a equilibrar
lo bueno con lo malo y a corregir los males del mundo.

La felicidad se encuentra en las acciones,
no sólo en lo que uno posee.

Dime cómo usas tu tiempo "libre" y te diré
lo que serás y dónde estarás dentro de diez años.

La disciplina que necesitas usar contigo mismo
mientras vas ascendiendo es menos
que la que necesitarás cuando
ya hayas llegado a la cumbre.

La depresión económica nos enseñó que hay algo
infinitamente peor que ser obligado a trabajar,
y es verse obligado a no trabajar.

Cualquiera puede tolerar la pobreza,
pero son pocos los que pueden tolerar
el éxito y la riqueza.

Recuerda que siempre que haces más de lo que se exige
de ti haces que alguien te deba algo.

Escoge a una persona que admiras e imítala
tan de cerca como puedas.
Esto es "idolatrar a un héroe", pero mejora el carácter.

Si tienes que ser engañoso, asegúrate de nunca intentar
engañar a tu mejor amigo, que eres tú mismo.

Encontrarás tiempo para satisfacer todas
tus necesidades si sabes organizar bien tu tiempo.

Un tonto podría toparse con una oportunidad,
pero el hombre sabio sale a buscarla.

Tal vez descubras cómo ahorrar suficiente tiempo
y materiales en tu departamento, y eso te garantizará
un aumento de sueldo y un mejor puesto.
¿Por qué no lo intentas?

Algunas personas tienen éxito si se les estimula.
Otras tienen éxito a pesar de todo
lo que pueda ocurrir. ¿Y tú?

Es mejor permitirle a un hombre ganar
algo que merece, que simplemente dárselo.

Hacer que la vida sea "fácil" para los niños
por lo general hace que la vida sea "difícil"
para ellos cuando lleguen a la edad adulta.

Un dolor de cabeza latente por lo general indica que el
sistema de desagüe es lento; tu sistema de desagüe.

Come bien, piensa bien, duerme bien y juega bien;
así podrás ahorrar en cuentas médicas
y tener dinero para irte de vacaciones.

Cuando las cosas se ponen tan mal que ya no pueden
empeorar más, por lo general empiezan a mejorar.

Puedes engordar cerdos con aserrín
si le mezclas suficiente maíz; entre más maíz, mejor.

La mayoría de los fracasos podrían haberse convertido en
éxitos si alguien se hubiera mantenido firme un minuto
más y se hubiera esforzado una vez más.

Recuerda que la mayoría de los problemas en que se
meten las personas se les presentan cuando están en mala
compañía o en lugares donde no deberían estar.

No ignores los detalles. Recuerda que el universo y todo
lo que hay en él está hecho de átomos, las partículas de
materia más pequeñas que se conocen.

¿Engañaste a la otra persona o te engañaste a ti mismo?
Reflexiona antes de responder.

Tu barco no llegará a puerto seguro
a menos que antes lo hayas hecho zarpar.

Un toro de lidia tiene algunas cualidades positivas,
pero no puedes lograr que las demuestre agitando
una capa roja frente a su cara.
Lo mismo podría decirse de los seres humanos.

Nadie es tan bueno que no haya nada malo en él,
y nadie es tan malo que no haya algo bueno en él.

La curiosidad entrometida es una de las causas
principales del fracaso.

Una persona muy culta hace favores
con una actitud de cortesía, o no los hace en absoluto.

Los líderes capaces no necesitan gente
que dice que "sí" a todo.

Nunca critiques algo que no entiendes. Mejor invierte
tiempo en tratar de aprender algo al respeto,
entonces la crítica tal vez no será necesaria.

Tal vez las personas gordas sean agradables,
pero a veces mueren demasiado jóvenes.

La cantidad de supervisión que necesita
un hombre es un índice del valor de sus servicios.

Napoleón Hill

Hay un lugar perfecto para ti en la vida.
Sigue buscándolo hasta que lo encuentres.

Si no sabes lo que deseas de la vida,
¿qué crees que obtendrás de ella?

Un hombre es en verdad sabio si está consciente
de lo poco que en realidad sabe.

¿Qué puedes hacer
que una docena de personas
que conoces no pueden hacer tan bien
como tú lo haces?

Si los inventores temieran a las críticas,
todavía estaríamos viajando en carretas de bueyes
y usando ropa hilada en casa.

El poder ilimitado podría alcanzarse si dos o más personas
coordinaran su mente y sus acciones en un espíritu
de perfecta armonía, con el fin de alcanzar
un propósito definido.

Es más provechoso hacer preguntas inteligentes
que ofrecer opiniones que no se nos han pedido.

Si este no es el mejor país del mundo,
¿por qué vives aquí?

Un hombre educado es el que ha aprendido a conseguir
lo que desea sin violar los derechos de otros.

Nunca sabes quiénes son tus verdaderos amigos
hasta que la adversidad te abruma
y necesitas ayuda financiera.

Debes saber con seguridad lo que deseas de la vida
y debes saber con mayor seguridad lo que estás
dispuesto a dar a cambio por recibirlo.

Si deseas respuestas exactas a tus preguntas,
no reveles el tipo de respuesta que estás esperando,
ya que la mayoría de las personas tratará de complacerte.

El éxito atrae al éxito y el fracaso atrae al fracaso,
debido a la Ley de Atracción Armoniosa.

Es mejor ser derrotado mientras se lucha que nunca haberse involucrado en una lucha, pues eso es una prueba
de que se tienen los recursos para volverlo a intentar.

Demasiada confianza en uno mismo a menudo
da a entender que uno tiene muy poca cautela.

La mejor forma de obtener favores
es empezar a hacer favores.

No te des por vencido cuando las cosas sean difíciles.
Si tienes que abandonar una actividad, espera el momento
en que puedas abandonarla siendo un triunfador.

¿A qué preferirías renunciar,
a todos tus amigos o a todo tu dinero?

Sólo imagina lo que sentirías si alguien te quitara el radio
de tu coche, tu refrigerador y la luz eléctrica.

La mejor forma de luchar contra el ser imaginario que
conocemos como el "Diablo" es sirviendo a su oponente.

Algunos hombres son "inteligentes", otros son "sabios".
La diferencia es que el hombre "inteligente" puede ganar
dinero, pero el hombre "sabio" es el que puede ganar
dinero y usarlo sabiamente.

No es verdad que "todos los hombres
hayan nacido iguales".
Pero es verdad que nacieron con los mismos derechos.

Cuando le pides a otra persona que haga algo, podría ser
de gran ayuda para él y para ti si le dijeras: qué hacer,
por qué debe hacerlo, cuándo debe hacerlo, dónde debe
hacerlo y cuál es la mejor forma de hacerlo.

La felicidad sólo puede alcanzarse
ayudando a otros a encontrarla.

Tal vez un prisionero tenga privilegios,
pero no tiene derechos. Están en manos de la ley
debido a su condición de prisionero.

Nadie puede tener éxito y conservarlo
sin la cooperación amistosa de otros.

Las cosas que una persona necesita en realidad son pocas.
Son un juego de ropa, una cama y suficiente comida
para nutrir al cuerpo.

Tu actitud mental determina
la clase de amigos que atraes.

Habría una gran abundancia de todo lo que la gente necesita o podría usar en forma inteligente si algunos no intentaran obtener más de lo que necesitan.

No seas demasiado estricto con tus subordinados, pues tal vez alguno de ellos llegue a ser tu jefe en el futuro.

Dejar las cosas para más tarde es el mal hábito de dejar para pasado mañana lo que debería haberse hecho anteayer.

La persona que habitualmente deja las cosas para más tarde siempre es experta en crear excusas.

El hombre que puede ver sus limitaciones de inmediato por lo general es lento para darse cuenta de sus oportunidades.

Si fueras tu jefe, ¿estarías totalmente satisfecho con el trabajo que hiciste hoy?

A las personas no les molesta que se les digan sus faltas,
si uno es suficientemente generoso como para mezclar
también algunas de sus virtudes.

Estás donde estás y eres lo que eres debido
a los alimentos que comes y los pensamientos que tienes.

Si se te ofreciera el mejor puesto de la planta,
¿estarías listo para desempeñarlo?

Las oportunidades tienen una manera extraña de acosar
a las personas que pueden reconocerlas
y están listas para abrazarlas.

El tiempo que mejor aprovecha una persona
es aquel por el que no se le paga.

Quizás la persona que desperdicia su propio tiempo
es un ladrón como lo son los que roban
lo que pertenece a otros.

Tal vez tu mejor amigo es aquel
que te dice francamente lo que está mal en ti.

El hombre que es honesto sólo por un "precio"
debería considerarse deshonesto.

Un hombre sin entusiasmo
es como un reloj sin un muelle principal.

El mundo se hace a un lado y deja un lugar
para la persona que sabe hacia dónde va
y ya va en camino.

El mejor remedio que se conoce para la soledad,
el desaliento y el descontento es un trabajo
que produce un sudor saludable.

Dedica unos minutos cada día a la quietud
y permite que la gran alma que está en tu interior
te hable desde dentro.

El hombre que tiene más enemigos que amigos
necesita examinar su propia actitud mental.

El hombre que es grande
en realidad es un servidor,
no un amo.

Un hombre perezoso está enfermo
o no ha encontrado
el trabajo que más le gusta.

El trabajo más importante es el de aprender
a negociar con otros sin causar fricciones.

Dos palabritas: "por favor"
tienen el poder
de hacer de ti una persona encantadora.

Lo que cuenta no siempre es lo que dices,
sino la forma en que lo dices.

¿Has notado lo fácil que es para un hombre cambiar el tono de su voz y hacerla agradable cuando pide un favor?

*Los más grandes entre los hombres son los que
prestan servicio al mayor número de personas.*

Napoleón Hill

La persona que trata de promoverse bajando de categoría
a otros no podrá permanecer en la cumbre,
si es que llega a alcanzarla.

Recuerda que no es necesario que otros fracasen
para que tú puedas tener éxito.

Mantén tu mente abierta y recuerda que nadie
sabe la última palabra de nada.

La oración que se expresa con temor o con duda
siempre produce sólo resultados negativos.

La confianza en uno mismo puede confundirse
con el egotismo si no va acompañada
de humildad del corazón.

Asegúrate de que al recibir, cuentes
con un buen acerbo de cortesía.

Existe una gran diferencia entre el fracaso
y la derrota temporal. Nadie puede tener éxito
si no reconoce la naturaleza de esta diferencia.

¡Familiarízate con tu otro yo!
Tal vez sea mejor que el yo que conoces mejor.

Una gran lección que debe aprenderse de un perro
es la lección de una lealtad duradera.

Los salarios altos y la capacidad
de asumir responsabilidades son dos cosas
que van de la mano.

No se puede confiar en un hombre que no tiene
en su interior la cualidad de una lealtad inherente.

El éxito no requiere explicaciones;
el fracaso debe curarse con excusas.

A los pollos les gusta rascar la paja para buscar comida,
pues creen que está ahí escondida.
Recuerda que a los seres humanos también
les gusta descubrir tus virtudes a su manera.

¡Puedes lograrlo si crees que puedes lograrlo!

Un hombre nunca es un fracaso
hasta que acepta la derrota como algo permanente
y deja de esforzarse.

La persona que sólo hace aquello por lo que se le paga,
no tiene una razón para pedir que se le pague más,
pues ya está recibiendo todo lo que está ganando.

La única limitación real de la mente humana
es la que el hombre establece en su propia mente.

La victoria siempre es posible para la persona
que se niega a dejar de luchar.

Recuerda que se necesitan al menos dos personas
para que haya un pleito.

La mayoría de las opiniones sólo son deseos ilusorios
y no son el resultado de un análisis
cuidadoso de los hechos.

La mejor forma, y la más segura,
de castigar a alguien que te ha hecho una injusticia
es hacerle algo bondadoso como respuesta.

Si no cuentas con la aprobación total
de tu conciencia y de tu razón,
será mejor que no hagas lo que estás planeando.

Los mejores medios para recibir elogios
son hechos, no palabras.

Los lápices tienen borradores
porque todos los hombres cometen errores a veces.

Las personas que tienen una conciencia limpia
rara vez le temen a algo.

Lo único permanente en todo el universo es el cambio.
Nada es igual durante dos días seguidos.

Nunca expreses una opinión a menos
que puedas explicar cómo llegaste a ella.

Antes de tratar de dominar a otros,
asegúrate de que te dominas a ti mismo.

La falsedad siempre tiene una forma de darse a conocer.

Si alguien expresara verbalmente
cada pensamiento que llega a su mente,
no tendría amigos.

Si realmente eres grande, permitirás
que otros lo descubran a partir de tus acciones.

Si quieres tener buena salud, aprende a dejar de comer
antes de sentirte totalmente satisfecho.

Una persona es honesta o deshonesta. No puede haber
compromiso entre estas dos posturas.

Al final, una persona llegará a creer cualquier cosa
que se diga a sí misma con suficiente frecuencia,
aunque no sea verdad.

La confianza mutua es el fundamento
más importante de todas
las relaciones humanas satisfactorias.

El hombre que trata de obtener algo
sin dar nada, por lo general acaba
no recibiendo nada cuando ha dado algo.

El hombre que apuesta dinero
es en potencia un tramposo,
pues está tratando de obtener algo sin dar nada.

Un político "exitoso" es el que promete mucho
pero no cumple.

No temas a la crítica, pero prepárate a aceptarla
si tienes una nueva idea que ofrecer.

El científico es el único tipo de hombre
que no tiene deseos ilusorios y acepta los hechos
conforme los descubre.

Nunca te involucres en una transacción
que no beneficie a todos los que afecta,
de la manera más justa posible.

Nadie posee una educación completa
hasta que haya leído y comprendido
los ensayos de Emerson.

Un negocio chueco a menudo actúa
como un bumerang y golpea a quien lo hizo.

Nunca critiques las acciones de otro, a menos que sepas
por qué las hizo. Es probable que tú habrías hecho
lo mismo si hubieras estado en las mismas circunstancias.

Un buen maestro siempre es un buen estudiante.

Recibes más beneficios cuando haces más
de lo que se te paga por hacer
que cuando haces menos.

Nunca le pidas un favor a alguien
a menos que primero te hayas ganado
el derecho a esperar que te lo conceda.

A la larga, la segunda milla, aquella
por la que no te pagan, por lo general te produce
más ganancias que la primera milla.

Todo trato que se basa en el miedo o en la fuerza
es un trato que daña al que lo hace.

Algunos pensamientos valen más que pepitas de oro.

El arte de ser agradecido por las bendiciones
que ya hemos recibido es en sí la forma más profunda
de culto, y es una plegaria
que es una gema incomparable.

Recuerda que el hombre que crees que se está riendo
de tus chistes profanos
podría estarse riendo de ti.

Si no puedes aceptar la crítica,
no tienes derecho a criticar a otros.

Pedirle a alguien que entregue un servicio
es mejor que ordenarle que lo haga.

Napoleón Hill

Las dos cosas más importantes
para todos los que trabajan en esta planta
son el tiempo y los materiales,
pues en ellos se basan las oportunidades
que puede tener cada hombre
que los usa con sensatez.

El fracaso no es una desgracia
si sinceramente hiciste tu mejor esfuerzo.

"Evadir el trabajo" durante horarios de oficina podría
engañar a los ejecutivos por un tiempo,
pero es una vergüenza para el respeto propio
de todos los que lo hacen.

Un hombre sabio está más dispuesto a hacer preguntas
que a intentar responderlas.

Si tienes que dar rienda suelta a tus emociones,
trata de elegir un momento y un lugar
en los que no lastimes a nadie.

La cooperación debe empezar con el jefe del departamento,
si queremos encontrarla en todos los niveles.
Lo mismo puede decirse de la eficiencia.

El supervisor que no está en puesto todo el tiempo es un
mal ejemplo para quienes esperan que él los guíe.

El hombre que deliberadamente sale al encuentro de las
oportunidades, pues está en puesto todo el tiempo, tarde
o temprano será coronado con una oportunidad.

El hombre que no hace más favores que los que recibe
de otros, pronto sufrirá una "bancarrota de favores".

Un buen pescador se esfuerza por poner en su anzuelo
la carnada que prefieren los peces,
lo que sería un buen consejo para quienes desean
tener éxito en las relaciones humanas.

El supervisor que no se supervisa a sí mismo
más estrictamente que a otros
no permanecerá mucho tiempo en su puesto
de supervisor. (Haz una nota mental de esto
y recuérdalo antes de que sea demasiado tarde).

El hombre que trabaja el cien por ciento
en una planta de producción bélica, es un soldado,
tal y como lo es el hombre que lucha en el frente,
y es tan esencial como él.

Edison fracasó diez mil veces antes de perfeccionar
el foco de luz incandescente.
No te preocupes si fracasas una vez.

Henry Ford no llegó a ser rico debido a la venta
de automóviles Ford, sino debido al servicio
que él entregó a través de sus coches.

Lo único que alguien tiene que dar a cambio
de las riquezas materiales que desea, es un servicio útil.

La oportunidad tiende a permanecer
cerca de la persona que hace su mejor esfuerzo.

El mayor de todos los dones es el don
de una oportunidad para ayudarse a uno mismo.

¡Piensa! Ciento cincuenta hombres producen
diez scrapers al día. Estas scrapers hacen el trabajo
de 10 000 hombres al día. Una *scraper* menos al día
elimina el trabajo de mil hombres.

El esfuerzo puede ayudar a un hombre a llegar a la cumbre,
pero no puede mantenerlo ahí. Haz el trabajo esencial
primero, si te ves obligado a dejar algo para mañana.

El tiempo finalmente cura todos los males y corrige los
errores del mundo. Nada es imposible para el tiempo.

Una persona educada no es necesariamente la que tiene conocimientos, sino la que sabe dónde encontrarlos cuando los necesita.

Aprende a hacer algo mejor que nadie más, y entonces podrás olvidarte de tus problemas financieros.

No sirve de nada "detenerte, mirar y escuchar" a menos que también pienses.

Cada vez que influyes en otra persona para que haga un mejor trabajo le haces un beneficio e incrementas tu propio valor.

Si realizas una tarea con el método de otra persona, él asume la responsabilidad. Si la realizas a tu manera, tú debes asumir la responsabilidad.

Si deseas tener "contactos", sé rico. Si deseas tener amigos, sé un amigo.

El suspenso es hijo de la indecisión, y es primo hermano del hábito de posponer las cosas. También es la "mascota" que mantiene a mucha gente en la pobreza.

Los errores que otros cometen podrían darte la oportunidad de avanzar, siempre y cuando seas capaz de observar detalles.

Si puedes crear un plan para evitar que la herramienta se descomponga, si puedes descubrir cómo hacer que un par de guantes dure más, si puedes crear un atajo que ahorre tiempo en cualquier actividad de la planta, si puedes mostrarle a un compañero de trabajo cómo ahorrar tiempo, si puedes hacer que un trabajo peligroso sea más seguro, si puedes ayudarle a tu capataz a lograr más producción, si creas una forma de ahorrar los materiales que se usan en la planta, puedes promoverte y conseguir un mejor trabajo y un mejor salario.

Si empiezas a buscar síntomas de enfermedades, la enfermedad en sí hará su aparición.

Una "conciencia de pobreza" no puede traerte riquezas.

El trabajo que menos te gusta hacer podría ofrecerte
la experiencia que necesitas para que se te promueva
a un mejor puesto.

Las preocupaciones de hoy se convierten
en experiencias invaluables en el futuro.

Si eres confiable, si estás dispuesto a asumir
responsabilidades, si siempre estás disponible,
si eres leal, si eres amable, si estás dispuesto a ayudar
a otros a avanzar, prácticamente estarás seguro
de llegar a ser independiente en el campo financiero.

La mejor manera de lograr que se te transfiera
de un trabajo que no te gusta a uno que te gusta más,
es desempeñar el trabajo que tienes ahora
con tanta eficiencia que los directivos querrán usar
tus destrezas en un puesto más importante.

Si no estás tratando de aprender todo lo relacionado
con el trabajo de tu capataz, estás desperdiciando
la posibilidad de que se te promueva
a su puesto o a otro mejor.

Si deseas tener buena salud, ordénale a tu mente
que desarrolle y conserve una "conciencia de salud".

Una decisión rápida por lo general refleja
una mente alerta.

Haz que tu dinero trabaje para ti,
y no tendrás que trabajar tanto para ganarlo.

Es muy fácil para las personas justificar la deshonestidad,
si se ganan la vida siendo deshonestas.

Está bien ser sabio siempre y cuando uno les permita
a los demás descubrir su sabiduría a su manera.

El hombre rara vez empieza a tener éxito en los niveles
más altos, antes de llegar a los cuarenta años de edad,
principalmente porque dedica la mayor parte de sus años
de juventud a eliminar de sus conocimientos
los datos que no son verdaderos.

Ser terminante en las opiniones y no ser tolerante,
por lo general resulta ser simple terquedad.

Los errores de otro podrían ser un campo fértil
de oportunidades para ti,
si sabes cuál fue la causa de esos errores.

Siempre ha habido escasez de hombres
que hacen el trabajo a tiempo,
sin excusas y sin quejarse.

Sin importar lo que seas y lo que hagas,
el mundo te encontrará, siempre y cuando
cuentes con personas cercanas.

Si no tienes la fuerza de voluntad para mantener
tu cuerpo físico en buen estado, tampoco tendrás la fuerza
de voluntad para conservar una actitud mental positiva
en otras circunstancias importantes que controlan tu vida.

*Es más provechoso ser una persona dispuesta a dar
que una persona que se concentra en obtener.*
Napoleón Hill

La gente está dispuesta a prestar dinero y a hacer favores
a las personas que están seguros de que les van a pagar.

Estudiar a otro hombre buscando ideas constructivas
es más provechoso que buscar defectos en él.

Una mente enferma es más peligrosa
que un cuerpo enfermo, pues se trata
de una enfermedad que siempre es contagiosa.

Sólo las personas que tienen el hábito de hacer más
de lo que se les exige, encontrarán el final del arco iris.

El éxito atrae al éxito, como lo prueba el hecho de que
es más fácil que puedes conseguir lo que deseas
cuando no lo necesitas, que cuando tienes
una necesidad urgente de ello.

El hombre que se apresura a llegar a una conclusión
antes de examinar los hechos, por lo general
acaba en el lugar equivocado.

Cuando un extraño parece demasiado ansioso por hacer
algo para ti, cuídate de que no te haga algo a ti.

No desperdicies palabras en un hombre a quien no
le agradas. Tus acciones le causarán un mayor impacto.

Desempeña tu trabajo como si fueras tu propio jefe, ¡y
tarde o temprano lo serás!

Un sueldo alto y poca responsabilidad son circunstancias
que rara vez se encuentran juntas.

Los banqueros a menudo prestan dinero basándose en el carácter de la persona, pero rara vez prestan basándose sólo en su reputación, pues han aprendido que no toda la gente merece la reputación que tiene.

El conocimiento no es poder. Sólo es poder potencial que llega a ser real mediante el uso.

Claro que puedes decirle al mundo lo bueno que eres; ¡pero primero demuéstralo!

Un mal hábito a menudo arruina una docena de buenos hábitos.

Tal vez hablar cuando no es tu turno le haga bien a tu orgullo, pero también puede arruinar tus oportunidades.

A menudo los esbirros de Satanás se encuentran disfrazados con uniformes de sus oponentes.

Cuando ya no sabes qué más hacer con respecto
a tu problema, trata de de consultarlo
con la almohada una o dos noches.

A menudo el valor sólo está un salto
por delante del temor.

El tiempo que algunos dedican a hacer que otros tengan
mala reputación, podría utilizarse mejor si ellos
lo usaran para curar su propia mala reputación.

Los "carpinteros profesionales" son útiles
cuando se trata de cuotas.

La autopista hacia el fracaso está llena
de señalamientos que indican desviaciones y que usan
palabras como: "pero", "imposible", "tal vez".

Si tú no crees algo,
no le pidas a otros que lo crean.

Aléjate de la persona que sólo puede ver
los defectos de otros, porque él tiene algunos
defectos propios que podrían ser contagiosos.

Aquí y ahora, tanto el cielo como el infierno
consisten en las acciones de las personas.

Las personas que se jactan de haber manchado
la reputación de otros, por lo general
no tienen una reputación impecable.

La gente rara vez confía en alguien
que no tiene confianza en sí mismo.

No trates mal a las personas que tienes cerca,
si tienes "cola que te pisen".

Podrías aprender muchos hechos útiles
estudiando a las abejas, siempre y cuando
no trates de decirles cómo hacer su trabajo.

La persona que tiene un carácter sólido
por lo general no se preocupa por su reputación.

De alguna manera, el hombre de éxito se las arregla
para estar "fuera" cuando llegan las preocupaciones,
para estar "en casa" cuando lo visita la oportunidad.

Cuida tu carácter y tu reputación
se hará cargo de sí misma.

Imagina que tuvieras que tratar a una persona
que tuviera todo lo que desea y que nunca
hubiera conocido la derrota.

¡La derrota te respetará más
si aprendes a aceptarla sin miedo!

La persona que confiesa libremente sus errores
a su propia conciencia, siempre estará
en buenos términos con ella.

Lo que acaba contigo no es la derrota,
sino la actitud mental que tienes ante ella.

El tiempo que un hombre dedica a su trabajo
es un índice bastante exacto de su confiabilidad.

Un perro o una mula no respetan
a la persona que les teme.

Un hombre sin autodisciplina es tan peligroso
como un automóvil que viaja colina abajo
sin frenos y sin volante.

Cualquier transacción que se base en el miedo
o en la coerción no es provechosa para las personas
involucradas en ella.

Un estómago sobrecargado no tiene medios
para defenderse, y sólo puede recurrir
al dolor de estómago.

Una conciencia tranquila es una excelente cura
para el insomnio.

Los errores de otra persona son una excusa débil
para tus propios errores.

Si no puedes tolerar la crítica,
será mejor que no inicies nada que sea nuevo.

Aquel que no confía en nadie más,
no confía en sí mismo.

Todos los medios necesarios para un fin
pueden justificarse si el fin es justo en sí.

Los epigramas son vitaminas para la anemia espiritual.

No es difícil perdonar los errores de quien
se ha arrepentido y acepta haberlos cometido.

Antes de que la fuerza fracase,
intenta usar la persuasión bondadosa.

Si controlas tu propia mente,
tal vez nunca llegues a estar bajo el control
de la mente de otra persona.

Cometer errores por descuido es malo;
ocultarlos con falsedades es peor.

Al hombre que crea buenas relaciones
entre las personas, nunca le faltarán amigos.

Actúa por tu propia iniciativa,
pero debes estar preparado para asumir
plena responsabilidad por tus actos.

Recuerda que nada tiene ningún valor
excepto el que se la asigna en la mente.

Cuando todo salga completamente mal,
recuerda que todavía habrá un mañana.

La bondad aplicada en forma práctica
ha corregido más crímenes que el castigo.

Es mejor no aceptar ningún favor
que no se entrega voluntariamente.

Siempre puedes ver en otras personas
las características de carácter que estás buscando.

Cuando ejerces un control total sobre ti mismo,
puedes ser tu propio jefe.

Napoleón Hill

Tal vez lo que se ve oscuro son tus gafas oscuras,
no el mundo.

La confianza es el cemento invisible que hace
que las relaciones humanas perduren.

La fruta fresca es un alimento del que nunca
podemos comer demasiado.

¿Qué tenía que decir tu conciencia
cuando marcaste tu tarjeta al salir hoy del trabajo?

Si constantemente le dices a un niño lo "malo" que es,
él constantemente se esforzará por vivir
de acuerdo a esa reputación.

La disciplina de los niños debe empezar
con la disciplina de los padres.

Si no quieres tener mala reputación,
no permitas que se te encuentre con malas compañías.

El hombre que proclama sus propias virtudes
está reflejando que teme que esas virtudes
sean de mala calidad.

Algunas personas consideran que es más fácil
y más provechoso poner a trabajar sus compañeros
de trabajo en lugar de hacer el trabajo ellos mismos.

El hombre que ha aprendido a vivir sin trabajar
se esfuerza por no revelar su secreto a otros.

Nunca le claves un puñal en la espalda a nadie
ni le des a una mula un puntapié, si no estás dispuesto
a sufrir las consecuencias.

Recuerda que un perro que llega con un hueso
también se llevará un hueso a otro lugar.
Lo mismo puede decirse de las personas
que llegan con murmuraciones.

No juzgues a un hombre a partir de lo que dicen
de él sus enemigos.

Nunca hay multitudes en la cumbre
de la escalera del éxito.

No hay un hombre más despreciable
que el que se dedica, por un precio, a perturbar
las relaciones armoniosas que hay entre otros.

La persistencia es un resultado
de la autodisciplina.

Si no te impones disciplina,
con toda seguridad te la impondrán otros.

La persona que no ha puesto a prueba lo que cree
usando las reglas del sentido común y de la lógica,
será mejor que esté preparado
para cambiar lo que cree.

Cuando nace una persona que usará la libertad
para pensar, el diablo tiembla de miedo.

¡No te engañes! Las minorías rigen al mundo,
y el mundo es afortunado por eso.

Algunas personas que no pueden ser buenas
tienen una ingeniosa capacidad para ser cautelosas.

Una plegaria que se dijera por un altavoz
no se escucharía mejor que la que se dijera
en un pensamiento silencioso.

Si eres tan listo como un cuervo,
sabes más que la mayoría de los hombres.

La palabra hablada deja impresiones,
la palabra escrita deja huellas.

La elocuencia de las palabras
nunca embellece a una plegaria,
pero la sinceridad de propósito
y la fe sí la embellecen.

No confundas la amistad con una licencia
para tomarse libertades indebidas.

Uno puede llegar a conocer
a una persona rápidamente, pero para forjar
una amistad se necesita tiempo.

Cuídate de dar demasiados regalos,
pues podrían resultar demasiado costosos.

El hombre que puede hacer que su jefe
tenga buena reputación casi siempre verá
que su jefe se encargará de que él
tenga buena reputación.

¿No sería este un mundo maravilloso
si cada uno de nosotros dijera
e hiciera todo lo que desea?

La persona que provoca los problemas
rara vez es la que termina el trabajo.

¡La riqueza que se usa mal se convierte en un riesgo!

El hombre que vive con rectitud
la primera mitad de su vida tiene la oportunidad
de disfrutar la segunda mitad, y viceversa.

Una araña que teje su tela tiene un propósito
más definido que la mayoría de los seres humanos.

Muchos hombres que se comportan bien en casa adoptan
su verdadera personalidad cuando están entre extraños.

Asegúrate de que el libro de tu vida
no esté escrito en tinta roja.

Es mejor romper las herramientas de tu jefe
que destruir la confianza que él tiene en ti
ocultando los pedazos.

Los epigramas no actúan como maestros,
sino que son una inspiración para el pensamiento.

Cuando un perro que no te conoce se acerca
y te lame la mano, te está dando
un gran cumplido, amigo mío.

Nunca condenes a un niño mimado,
porque los niños mimados no llegaron a serlo
sin la ayuda de los adultos.

Haz lo que tengas que hacer,
y habla de ello después.

Siempre debes estar activo,
pero ten cuidado con lo que haces.

El hombre que cree que puede comprar
sólo con dinero su camino hacia el cielo,
podría lamentar no haber convertido
ese dinero en buenas obras.

Los errores no intencionales pueden perdonarse
si no ocurren con demasiada frecuencia.

Usualmente algún tonto que no sabe nadar
es el que hace que la embarcación se bambolee.

Un zorro joven tiende a meter la nariz
en el nido del zorrillo.
Los zorros viejos y experimentados
nunca lo harían.

Para un hombre maduro que es soltero,
el amor es sólo un juego,
pero es un tónico para una solterona.

Tu opinión podría ser más segura para ti
si no la expresas como un hecho.

Cuando un pero aúlla está triste,
cuando mueve la cola está feliz,
cuando gruñe está enojado.
¡Tiene un vocabulario muy amplio!

Una abeja tiene argumentos muy agudos
para impedir que otros interfieran con sus asuntos.

Demasiada verdad enloquece más a los hombres
que una dosis muy pequeña de verdad.

Nunca empieces a discutir a menos que lo que deseas
lograr con tus argumentos
valga lo que te ha costado esa discusión.

Cuanto más disciplina te impongas,
menos disciplina te impondrán otros.

No te metas en un argumento con un necio
pues él ni siquiera será capaz de darse cuenta
que tú resultaste ganador.

La persona que ama la armonía
normalmente sabe cómo fomentarla.

La constancia en los propósitos
es el principio del éxito más importante.

Vivir sin un propósito primordial definido
sólo promete una vida de escasez.

Las oportunidades te pueden defraudar si no tienes
suficiente fuerza para aprovecharlas.

Napoleón Hill

Tratar de convencer a alguien
que no piensa es tiempo perdido.

Si no te sientes entusiasmado al ver que tu jefe se acerca,
algo está mal en ti, en él o en ambos.

Ningún trabajo es tan grande como para sostener a un
hombre que no sea capaz de desempeñar un trabajo.

Si tienes que quejarte para ser feliz, por lo que más
quieras quéjate en voz baja para no perturbar a otros.

La mejor recomendación de un hombre es la que él mismo
se da cuando entrega un servicio de alta calidad
con una actitud mental positiva.

Clarence Saunders ganó cuatro millones de dólares
en cuatro años cuando tomó prestada la idea
de las cafeterías de autoservicio para aplicarla
a las tiendas de abarrotes; dio a sus tiendas el nombre
de Piggly-Wiggly. ¡La imaginación es rentable!

La Ley de la Compensación no siempre es rápida,
pero es tan segura como la puesta del sol.

Vive hoy de tal manera que puedas ver
al mañana directamente a los ojos y sin temor.

Respeta los derechos de otros y no tendrás
que esforzarte por proteger tus propios derechos.

Los grandes logros se generan en la lucha.

La persona que piensa antes de actuar
rara vez tiene que disculparse por sus acciones.

Si luchas por algo, asegúrate de que valga
la pena luchar por ello.

Permite que la otra persona gane en el argumento,
siempre y cuando tú logres lo que deseas
guardando silencio.

La mejor forma de dar a entender tu punto de vista
es dejar que la otra persona hable tanto
que se quede sin palabras.

Cada don que recibes lleva consigo
una responsabilidad que equivale a su valor.

La persona que no trata a otros con misericordia
no puede esperar recibir misericordia
cuando más la necesita.

Los hombres sabios a menudo permiten
que sus opositores hablen hasta quedar derrotados.

La imaginación es el taller del alma
donde se forjan todos los planes relacionados
con los logros individuales.

Haz que tus acciones hablen y las palabras
ya no serán necesarias.

La verdadera sabiduría empieza
con la comprensión de uno mismo
que se basa en la autodisciplina.

La honestidad es una cualidad espiritual
que no puede evaluarse
en términos de dinero.

El poder se pone del lado de aquellos
que creen en la rectitud.

La vida nunca es dulce para alguien
que lleva amargura al mundo.

A veces la persona que crees que venciste
con tus palabras te vencerá con su silencio.

El patrón más severo es el que nunca
aprendió a obedecer.

Nunca discutas sobre detallas sin importancia
pues si triunfas no habrás ganada ninguna ventaja.

No sacarás mucho de la vida
si permites que otros la vivan por ti.

El éxito que llega fácil podría desaparecer rápido.

Si esperas recibir algo sin dar nada
estás destinado a la desilusión.

El plan ineludible de la naturaleza
es que el crecimiento se alcanza mediante la lucha.

Si tus esperanzas para el mañana no brillan más
que tus lamentos por el ayer, ¡no estás viviendo bien!

Si prefieres ser un seguidor, elige como tu líder
a un triunfador, y mantente cerca de él.

La mano de obra sin imaginación tiene un precio fijo
en el mercado para cada tipo de trabajo.
Cuando el trabajo se mezcla con la imaginación,
el valor de la mano de obra podría ser ilimitado.

Muéstrame una persona, sólo una, que haya alcanzado
un éxito permanente sin invertir en su trabajo
más de lo que cobró por él.

Nunca se han alcanzado grandes logros
sin una actitud mental positiva.

La persona que empieza en la cumbre tiene
una gran desventaja, ya que sólo puede moverse
en una dirección, hacia abajo.

La fuerza de voluntad es el resultado de tener
un propósito definido que se expresa a través de
una acción persistente que se basa en iniciativa personal.

El tener un solo propósito es el secreto
de todos los logros y éxitos.

Recuerda que el trabajador menos eficiente
puede hacer lo suficiente para "ganar justo lo necesario",
pero es lo único que va a ganar.

Llévate bien contigo mismo y verás que pronto
los demás también se llevarán bien contigo.

Nunca te detengas a pensar en tus preocupaciones porque pronto te alcanzarán, a menos que tú las dejes atrás.

La experiencia ha comprobado que las personas
que se abren camino en la vida utilizando el pensamiento
son más prósperas que aquellas que intentan abrirse
camino en la vida mediante la fuerza.

No te conformes con ser bueno en tu trabajo.
Sé el mejor y pronto serás indispensable.

Si tu palabra no es de fiar,
tu cuenta bancaria podría no ser sólida.

Si los conocimientos se usan con inteligencia
atraen mayores conocimientos.

La mayor de todas las habilidades
es el poder de inspirar confianza en los hombres.

¿No es extraño que las personas
que más se quejan sean las que encuentran
que la vida es más difícil?

Un rostro sonriente a menudo derrota
a los antagonistas más crueles, pues es difícil discutir
con una persona que sonríe al hablar.

Los jueces más importantes y los pensadores más hábiles
siempre tienen el hábito de suavizar
la justicia generosamente con misericordia.

El perdón con reservas mentales,
no es un verdadero perdón.

Algunas personas que creen que son sabias,
simplemente son listas.

El juez más riguroso es un hombre
que desconoce su propia conciencia.

El odio se extiende como las malas hierbas en un jardín
que nadie cultiva. El amor debe nutrirse y cultivarse,
de lo contrario morirá de hambre.

Los registros del universo se llevan con tal precisión que nadie puede hacer trampas o ser víctima de trampas, excepto de las que la persona misma se tiende a sí misma.

Da a otra persona una oportunidad
de beneficiarse y al hacerlo,
incrementarás tus propias oportunidades.

Napoleón Hill

La filosofía económica del hombre más exitoso
se aplica incrementando su capacidad para ganar dinero,
y no reduciendo sus gastos hasta el punto
de caer en un "complejo de pobreza".

La felicidad puede multiplicarse compartiéndola
con otros sin reducir su fuente original.
Es la riqueza especial que se incrementa
cuando se entrega a otros.

Cierra la puerta al miedo y déjalo atrás,
verás la rapidez con que se abrirá frente a ti
la puerta hacia la fe.

Las diez grandes reglas del éxito son:
1. Mantén una mente positiva.
2. Asegúrate de saber lo que quieres.
3. Planifica tu trabajo y trabaja de acuerdo a tu plan.
4. Da más de lo que se espera de ti en todas
las relaciones humanas.
5. Entra en acción por tu propia iniciativa.
6. Observa los detalles pero no permitas que te derriben.
7. Sé persistente y firme, pero sé amable.
8. Considera que tu trabajo es parte de tu religión.
9. Muestra agradecimiento por todas tus bendiciones.
10. Aplica la Regla de Oro a todas tus relaciones con otros.

Si alguien guarda rencor contra otro no puede ser libre,
ya que lo atan las cadenas de sus propias emociones.

No seas tan duro con el "Jefe",
ya que algún día tú podrías llegar a ser el "Jefe".

La pobreza podría no ser una desgracia,
pero seguramente tampoco es una recomendación.

Si no tienes paz mental no eres una persona libre.

El hombre que daña a otro injustamente siempre recibe
peores daños que las personas a quienes dañó,
porque al hacerlo quedó bajo el peso inflexible
de su propia conciencia.

Muchos padres de familia
les han hecho difícil la vidaa sus hijos
intentando facilitarles la vida demasiado.

Si no puedes dormir, échale una mirada a tu estómago,
o ten una charla confidencial con tu conciencia.

No recurras a las estrellas para que te indiquen
cómo alejarte de tu mala fortuna. Recurre
a ti mismo y obtén mejores resultados.

La curiosidad es de gran ayuda siempre y cuando
no se meta donde no tiene derecho a meterse.

No trates de ser un comediante a menos
que se te pague por tus esfuerzos.

Es más fácil jalarte los pelos cuando estás enojado
que ofender a otros.

Cuando las cosas son más difíciles, simplemente sigue
esforzándote, y llegarás a la meta antes que otras personas
para quienes avanzar ha sido fácil.

Habla con amabilidad y no necesitarás
pesar tus palabras con cuidado.

Cuando estés calculando la fuerza de un enemigo,
no pases por alto a sus amigos.

La mayoría de los animales tienen una virtud que los
hombres no poseen. Ellos nunca matan ni roban excepto
en defensa propia o para proteger a sus cachorros.

No compres un bono con el dinero que ahorres usando
pasta de dientes corriente. Compra dos bonos
con el dinero que ahorras utilizando una pizca de sal.

El éxito duradero se basa
en relaciones humanas armoniosas.

Un hombre sabio observa sus defectos
más de cerca que sus virtudes.
Otros hacen lo contrario.

Si tienes que pedir dinero prestado, recurre a tus amigos
sólo como último recurso, si valoras su amistad
más de lo que valoras al dinero.

El hábito de consultar al doctor
es una enfermedad común en algunas personas.

El tiempo curará muchas enfermedades
que los médicos no pueden curar.

Nunca te apresures a llegar a una conclusión
hasta que estés seguro de que tiene
un fundamento sólido.

Resolver tus problemas basándote en el pensamiento
es más seguro que resolverlos basándote en deseos.

Algunas personas han aprendido a usar los vientos
de la adversidad para navegar en el velero de la vida.

Las preocupaciones que no se alimentan
pronto mueren de hambre.

Si crees que estás enfermo, lo estás.

El hombre que dice una mentira se engaña a sí mismo
si la dice con suficiente frecuencia.

Un hombre libre no le teme a nada.

La persona que recurre a sus amigos sólo cuando necesita
algo, pronto encontrará que no tiene amigos.

Las palabras que se expresan en forma descuidada
a menudo tienen consecuencias vergonzosas.

Un hombre nace con ciertos derechos inalienables,
pero si quiere privilegios tendrá que ganárselos.

Pagar impuestos altos y vivir con libertad es más deseable
que no pagar impuestos y no tener libertad.

Los poetas pueden hablar con entusiasmo
del "amor en medio de la pobreza", pero otros saben
que cuando la pobreza toca a la puerta,
el amor sale por la puerta trasera.

Si tu conciencia no está limpia, será mejor que empieces
a hacer una limpieza desde el interior.

Dañar la reputación de alguien no le añade nada
a tu propia reputación, entonces por qué molestarte
en hacer algo que no tiene compensación.

La desgracia que deseas para otros podría llegar
a ser la pauta de tu propia vida.

Si te pones nervioso cuando tu jefe se acerca,
algo anda mal y es necesario corregirlo.

Un carácter sólido empieza con un excelente
respeto propio.

Si te ves obligado a involucrarte en las relaciones humanas,
trata de fomentar la paz entre las personas;
así no te toparás con demasiada competencia.

La libertad y el miedo no pueden coexistir
en la vida de una persona.

Si te ves obligado a decepcionar a alguien,
asegúrate de que no sea una persona
que ha confiado en ti, pues es muy difícil reparar
una confianza que se ha traicionado.

A la larga, lo mejor de cualquier cosa
es lo más barato.

Si estás haciendo un buen trabajo,
te sentirás bien cuando tu jefe te supervisa.

El miedo es el arma más poderosa del demonio
y es el peor enemigo del hombre.

Tarde o temprano, el mundo te encontrará
y te recompensará o te castigará
por ser precisamente lo que eres.

La justicia tiene el extraño hábito
de alcanzar a las personas
cuando están menos preparadas.

La justicia a menudo exige que se le pague
con los valores a los que uno
no quisiera renunciar.

Lo que le falta a la justicia en cuanto a la velocidad,
a menudo se compensa con lo que no le falta
en lo que se relaciona con la firmeza en las decisiones
y la certeza de que finalmente se presentará.

La justicia lleva un registro muy exacto de todos
los "saldos deudores" y los "saldos positivos",
el "debe" y el "haber", y saca el balance de sus libros
con regularidad, aunque no siempre
lo haga con velocidad.

*La paciencia, la persistencia y la transpiración
conforman una combinación invencible
para alcanzar el éxito.*

Napoleón Hill

Es posible que cualquier cosa que perturba la armonía
entre los hombres se haya originado entre aquellos
que se benefician con la desconfianza.

La cooperación amistosa nunca tiene nada que ver con la
maldad del demonio. Él trabaja en el campo opuesto.

No le desees sufrimiento a nadie, pues podría revertirse
y golpearte donde más te duele.

Examina con mucho cuidado
las cosas que más deseas.

Cuando hagas un acuerdo con alguien para recibir algo sin dar nada, no olvides que el diablo tiene algo que ver en ese trato y que tiene bajo la manga todas las cartas faltantes.

Cuanto más se te prometa darte sin que tú tengas que dar nada, será menos lo que puedas obtener por lo que das.

Nunca presiones demasiado a alguien sólo porque tienes autoridad sobre él, ya que a veces los puestos de autoridad cambian y tú podrías quedar sujeto a él.

Cuando le hables a alguien con dureza, asegúrate de no exagerar, por tu propio bien.

El individuo que cree que todo el mundo está equivocado, podría sorprenderse de lo que el mundo piensa de él.

Cuando sientas el impulso de aceptar algo sin dar nada a cambio, piensa en Adolfo Schicklegruber (Hitler), antes de actuar.

Cuando alguien se niega a actuar cuando se lo pides amablemente, ha llegado el momento de "darle órdenes".

Es mejor esperar demasiado de ti mismo
que esperar muy poco.

La persona que trabaja más arduamente
cuando su jefe no está presente, está en el camino
que lo llevará directamente a un mejor puesto.

Muchos hombres que piensan que ya han llegado
a donde querían llegar, se sorprenden al darse cuenta
de que han estado viajando en reversa.

Algunas personas "se quejan"
cuando hay una causa justa,
pero otras simplemente "se quejan".

Esta no es tu patria si no estás dispuesto
a hacer sacrificios para protegerla.

No culpes a los niños de ser malos.
Culpa a los que no les impusieron disciplina.

Con toda seguridad el trabajo se nos dio
como una bendición, pues todo ser viviente
debe trabajar pues de lo contrario perecería.

Si no tienes nada bueno que decir sobre alguien,
cierra la boca y te sentirás mejor.

Cuando sientas el impulso de golpear a alguien,
en lugar de hacerlo golpea al impulso.

Es muy probable que tú, en potencia, seas tan capaz
como lo era Henry Ford a tu edad; y la única diferencia
es que tu actitud mental es diferente a la suya.

Un hombre que en realidad es un buen trabajador
siempre es cuidadoso
con sus herramientas y su maquinaria.

Cuando empiezas a dar, pronto empezarás a recibir.

El buscar síntomas a menudo lleva
a enfermedades físicas y mentales.

Si eres más grande que tu trabajo,
¿por qué no elevas tu trabajo para ponerlo a tu nivel?

Vive bien el domingo y sentirás deseos
de presentarte a trabajar el lunes.

El carácter se refleja con precisión en nuestra actitud
mental.

¿Has notado que el trabajador más eficiente
por lo general es el que está más ocupado?

El paciente que insiste en diagnosticar su propio caso para
el médico, por lo general necesita un especialista mental.

Es más fácil conservar la delantera
que tratar de ponerse al corriente
con el trabajo atrasado.

Por lo general, la pereza no es otra cosa
que el resultado de un hígado enfermo
y de un intestino flojo.

Cuando la expresión facial de la otra persona refleja dolor, ha llegado el momento de dejar de hablar
o de cambiar el tema de la conversación.

¿Dónde aprende tanto el filósofo sobre los errores que
comete la gente? ¡De las personas que los cometen!

La actitud mental de un médico es lo que más lo protege
de las enfermedades. Lo mismo podría decirse de ti.

Sé cuidadoso cuando lleves a cabo un trabajo peligroso.
¡La muerte es algo muy permanente!

Es mejor ganarte una promoción
que quejarte porque no te la dan.

Mantén sano tu intestino e invierte
lo que habrías gastado en consultas médicas
en bonos de guerra.

Comer en exceso es costoso.
Tanto por lo que gastas en abarrotes
como en lo que gastas en consultas médicas.

Tu verdadero jefe es el que anda
caminando bajo tu sombrero.

Nunca pidas algo que no te hayas ganado
con anticipación y es muy posible
que no quedarás desilusionado.

Siempre que piensas en beneficiar a tu jefe, darás un paso
que te acerca más a recibir un beneficio similar.

Es muy posible que tú le gustes a tu trabajo
tanto como tu trabajo te gusta a ti.

Holgazanear en el trabajo daña a tu jefe,
pero te daña más a ti.

No le preguntes a tu jefe por qué no te da
una promoción. Pregúntaselo a la persona
que realmente lo sabe: tú.

Si tienes más enemigos que amigos,
es muy posible que te los hayas ganado.

Tener buenos frenos es más importante que tener
arranque automático, y eso puede decirse tanto
de un automóvil como de un ser humano.

Siempre serás bien recibido
si llegas con una sonrisa
y dejas tus preocupaciones en casa.

Si pudieras ver una oportunidad con la misma rapidez
con que vez los defectos de otros, pronto serías rico.

No seas demasiado duro con la persona que siempre
se está quejando, porque ya se está dificultando
la vida demasiado por sí misma.

El mejor ejecutivo no pasa todo su tiempo
en una silla giratoria.

Hablar a las espaldas de alguien nunca lastima,
si dices de él lo correcto.

Una disculpa es una indicación sana
de que un hombre todavía es capaz
de hablar con su propia conciencia.

Nunca destruyas algo
a menos que estés dispuesto
a construir algo mejor en su lugar.

Nunca trates de poner a un fanfarrón en su lugar;
él lo logrará mejor por sí mismo.

No conviene ver a los demás a través
de una actitud mental nebulosa.

Se necesita más que una voz fuerte para que la autoridad
se gane el respeto de otros.

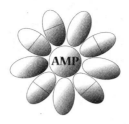

La mala fortuna rara vez atrapa a un hombre
que tiene como guardaespaldas
a la esperanza y a la fe.

Napoleón Hill

Un hombre ignorante debe ser compadecido,
no condenado.

Cuando sientes tanto enojo que no sabes qué hacer,
lo más seguro es no hacer nada.

La sabiduría consiste en saber qué es lo que no debes
querer tanto como lo que quieres.

Con toda seguridad no podrás terminar
aquello que nunca empiezas.

Si en realidad haces tu mejor esfuerzo,
es muy probable que no tengas que inventar excusas
por no haber hecho mejor las cosas.

Si lloriqueas a causa de tus desgracias, las podrías
multiplicar, pero si permaneces en silencio
acabarás con ellas.

Nunca intentes hacer un trato dudoso con la vida,
a menos que estés dispuesto a aceptar
las peores consecuencias.

No importa a quién engañes ni acerca de qué lo engañes,
te engañas más a ti mismo.

¿No sería ir demasiado lejos el pedirle al creador que
haga por ti algo que tú podrías hacer por ti mismo?

Un barco sin timón y un hombre sin propósito acabarán
varados en la arena de una isla desierta.

El tiempo es un amo implacable.
Obliga a todo a gravitar hacia donde debe estar
de acuerdo a su naturaleza.

La Ley Eterna de la Compensación equilibra todo
en el universo con realidades opuestas
que tienen la misma fuerza.

Si tienes que repudiar algo, ¿por qué no repudias
el hecho de que no existan mayores oportunidades
que otros puedan aprovechar?

Un buen equipo de fútbol requiere de coordinación
armoniosa de esfuerzo, más que de destreza individual.

Cuando cuentes tus triunfos después de un argumento
con tu jefe, no olvides restar también las derrotas.

Tus grandes ganancias vendrán después
de que llegues al final de la segunda milla,
la milla que no se te exige recorrer.

Las riquezas sin gratitud
podrían convertirse en riesgos.

¿Dónde estarás y qué serás dentro de diez años
si sigues en el camino que estás actualmente?

El progreso de un hombre en la vida empieza
en su propia mente y termina en el mismo lugar.

Mantente tan ocupado tratando de alcanzar
lo que deseas que no tengas tiempo
para temer lo que no deseas.

La única manera segura de jactarse de algo
es hacerlo mediante obras constructivas,
no con palabras.

Es probable que nunca hayas escuchado
que un tahúr profesional haya obtenido
una gran fortuna y la haya conservado.

En ocasiones se piensa erróneamente
que una simple terquedad es "orgullo".

Si no tienes un propósito primordial
te estás moviendo a la deriva hacia un fracaso seguro.

Una persona que no sabe perder casi siempre
está perdiendo.

No tomes demasiado en serio a un hombre cuando dice:
"Ven a verme alguna vez".
La seriedad usualmente es específica.

Las amenazas hechas a gritos
a menudo indican temores profundos.

El dolor más hiriente viene de una lengua mordaz.

Recuerda que los desacuerdos rara vez tienen sólo un lado.

*La persona de éxito ha aprendido
que "el hombre puede lograr
todo lo que la mente humana
puede concebir".
Y esta persona sigue esforzándose
hasta transformar los obstáculos
en escalones.
Sabe que con cada adversidad
llega la semilla
de un beneficio equivalente.*

Napoleón Hill

TÍTULOS DE ESTA COLECCIÓN

Impreso en los talleres de
MUJICA IMPRESOR, S.A. de C.V.
Calle camelia No. 4, Col. El Manto,
Deleg. Iztapalapa, México, D.F.
Tel: 5686-3101.